● はじめに

「さかあがりができたり、一輪車にのれるようになりたい」、「25メートルおよげるようになりたいなあ」、「ボールをうまくなげたり、かけっこがはやくなりたいっ」……。

そんななやみにこたえるのが、このシリーズです。

体育の授業には、いろいろな種目があります。なかには、にがてなものもあるでしょう。でも、このシリーズの「ここがポイント!」や「練習しよう」を読んで、くりかえし練習すれば、できるようになるはずです。

運動ができるようになるためのコツは、とにかく「あきらめないこと」です。時間がかかってもいいのです。あきらめずにつづければ、いつかかならずできるようになるはずです。

みなさんの「できたよっ!」というあかるいえがおを、わたしたちは心から楽しみにしています。

体育の家庭教師　スポーティーワン代表　水口高志

ちゃんとまもって
たのしくやろうね!

★気をつけること★

- じゅんび運動をしっかりおこなう。
- こまめに休けいをとる。
- こまめに水やスポーツドリンクをのむ。
- 運動にふさわしい服そうでおこなう。
- 鉄ぼうはしっかりとにぎり、運動中は手をはなさない。
- とび箱に手をつくときは、つき指をしないように「パー」でつく。
- 倒立や側転をするときは、まわりに人がいないかかくにんする。
- うんていやのぼりぼうをするときは、手のあせをふき、すべりおちないようにする。

第1章 鉄ぼう

鉄ぼうになれよう

まずは鉄ぼうになれることからはじめよう。
鉄ぼうでかんたんなあそびをやってみよう。

高さをあわせる

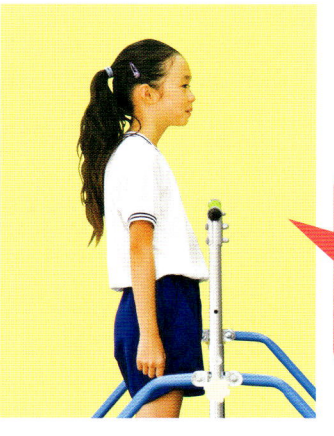

むねからおなかの高さに鉄ぼうがくるようにしよう。

> 高さがかえられない鉄ぼうでも、むねからおなかの高さのものをえらぼう。

にぎり方

親指はほかの指と反対がわにしてにぎろう。

親指がほかの指と同じがわになっていてはダメ。

> 正しいにぎり方で、しっかり体をささえよう。

あそんでみよう

ぶたの丸やき

両手、両足で鉄ぼうにぶらさがる。

> 両足くびを組む。

足ぬき回り

 ❶ かた足を鉄ぼうにかける。

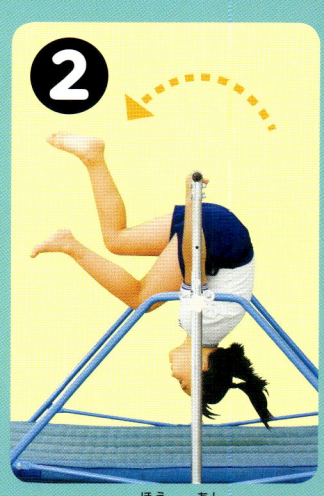 ❷ もうかた方の足もかけてうしろに回る。

地球回り

① 両手の外がわの鉄ぼうに左右の足をかける。

② 左右の手をこうささせる。

③ 両足を鉄ぼうからはなし、下になっている手のほうへくるっと回る。

④ むきがかわったら、両足をまた鉄ぼうにかける。

⑤ もう一度、両手をもちかえて、こうささせる。

⑥ 両足をまた鉄ぼうからはなして、くるっと回る。

③ 両足でうしろに着地する。

ひざをのばす。

④ 両足でゆかをけり、体をまるめてぎゃく回りする。

⑤ 両足で前に着地する。

第1章 鉄ぼう

前回り

鉄ぼうにとびのったら、頭をさげて前に回りおりる。少しずつゆっくりと回ろう。

鉄ぼうのきほんのわざだよ。

きれいな前回り

❶ 鉄ぼうを上からにぎる。

つばめのポーズ

両ひじをしっかりのばし、おなかをつける。

❷ とびのり、全身をのばす（これを「つばめのポーズ」という）。

❸ 頭を少しずつさげて、そのいきおいで回る。

にぎり方

かたはばよりやや広めににぎる。うではかるくまげよう。

練習しよう

ささえてもらおう

回るのがこわいときは、おとなの人にかた手でおでこをささえてもらいながら回ってみよう。もう一方の手でひざのうしろをささえてもらおう。

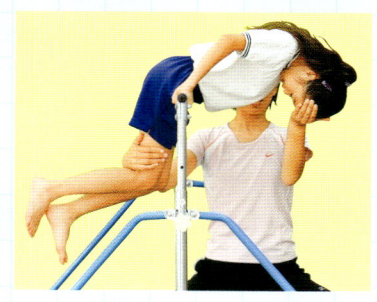

ここがポイント！

おりるとき、うでとおなかに力を入れる

ゆっくりきれいにおりるため、うでの力をぬかず、鉄ぼうからおなかをはなさないようにしよう。

❹ ひじをまげたまま回る。

❺ うでの力をぬかないようにしておりる。

❻ ドスンとならないよう、ゆっくり着地する。

気をつけよう

着地するときドスンとおちる

おりるときひじをのばすとドスンとおしりから着地してしまう。ひじをまげたままおりよう。

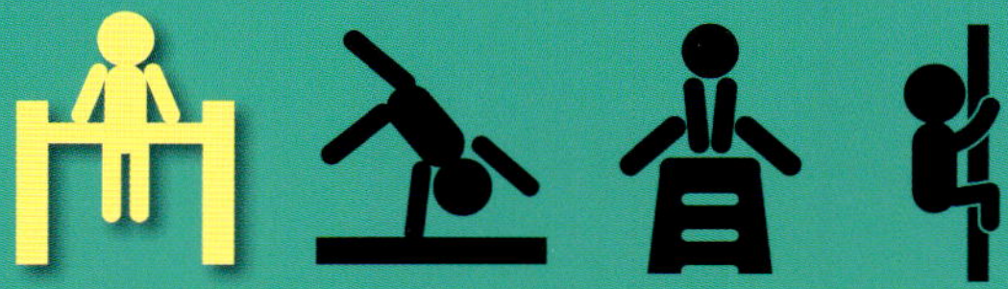

第1章 鉄ぼう

さかあがり

足をふりあげて、さかさに回るわざ。
うでと足をじょうずにつかって回ろう。

きれいなさかあがり

① 鉄ぼうの高さはむねからおなかのあたりにくるようにする。
ふみこみ足（前の足）は鉄ぼうのま下におく。
ふりあげ足
両手をかたはばよりもやや広めにひらいて鉄ぼうをにぎる。

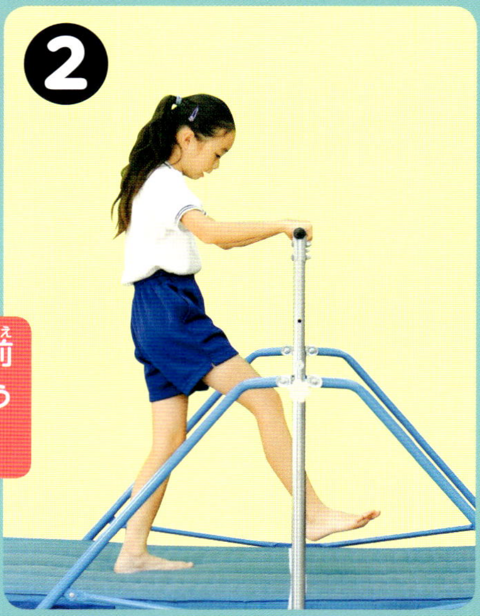

② ふみこみ足を一度あげ、1歩前につよくふみこむ。

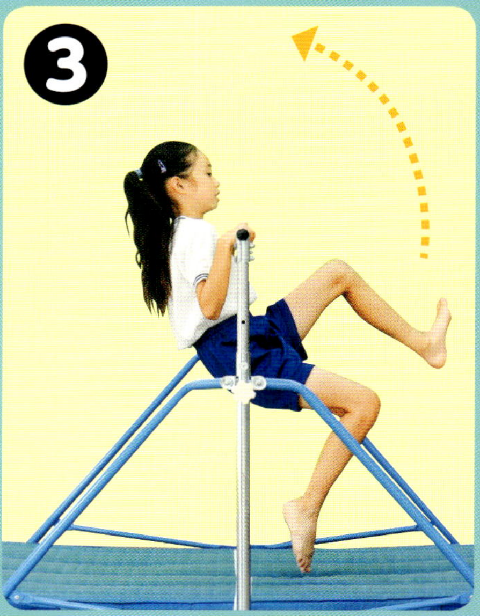

③ ふりあげ足を高くふりあげる。

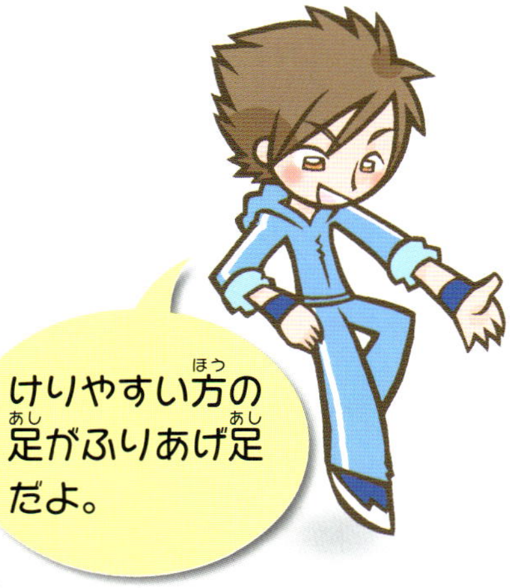

けりやすい方の足がふりあげ足だよ。

ふみこみ足、ふりあげ足の決め方

ぼうにひもでぶらさげたビーチボールをおとなの人にもってもらい、かた足でけってみよう。けった足が「ふりあげ足」、もうかた方の足が「ふみこみ足」になる。

ここがポイント！ 1

足を高くあげる

さかさになったとき、できるだけ足を高くあげよう。そのためには、うでで体をひきよせる力もひつようだ。

つぎのページでくわしく説明するよ！

10ページを見よう！

❹ 両足をのばして、体をさかさにする。

ひざを鉄ぼうにひきよせるようにして回る。

❺ 足のつけねを鉄ぼうにのせる。

❻ 手くびを返して、鉄ぼうをおすようにおきあがる。

ここがポイント！ 2

おなかをひきよせる

うでの力で鉄ぼうにおなかをひきよせて、はなさないようにしたまま回ろう。

12ページを見よう！

❼ 「つばめのポーズ」になる。

 第1章 鉄ぼう　さかあがり

ここがポイント！1　足を高くあげる

かた方の足でタイミングよくふみこんで、いきおいよく両足をあげよう。

9ページ ❹

→「い〜」「ち」「に〜」「の」「さん」のタイミングで

① い〜

「い〜」でふりあげ足をあげて、おなかを鉄ぼうに近づける。

② ち

「ち」でもとのしせいにもどる。

③ に〜

「に〜」でもう一度ふりあげ足をあげ、おなかを鉄ぼうに近づける。

④ の

「の」でもう一度もとのしせいにもどる。

⑤ さん

「さん」でふみこみ足を1歩前に出してふみこみ、ふりあげ足を思いきりけりあげる。

⑥

そのいきおいで両足を高くあげる。

10

練習しよう

ぶらさげたボールにタッチ

足が高くあがらないときは、ぶらさげられたボールに足でタッチする練習をしてみよう。

頭より少し高い位置にボールをぶらさげてもらう。

ふりあげ足でタッチ。さわれなかったら、ボールを少しひくくしてみよう。

気をつけよう

✗ 体がそってしまう

体がそってしまうのは、早くから上を見てしまうから。あごをひいて、鉄ぼうから目をはなさないようにしよう。

両足でキックしてしまう

両足でけってしまうと、体が高くあがらない。かた足でつよくけろう。

ふみこみ足でしっかりとけるようにしよう。

第1章 鉄ぼう　さかあがり

ここがポイント2

おなかをひきよせる

足を高くあげたら、うでの力で鉄ぼうにおなかをひきよせよう。そうすると体はしぜんに回転する。

9ページ ④

> タオルをつかって、おなかを鉄ぼうからはなさない練習だ！

→ タオルをつかって練習しよう

▶ タオルのまき方

① 浴用タオルをこのようにおる。　② タオルをせなかにまく。　③ タオルのはしを鉄ぼうにまく。

④ はじまでまきつける。　⑤ まきつけた上からしっかりにぎる。　⑥ 反対がわも同じようにまきつける。　⑦ 同じように、上からにぎる。

気をつけよう

うでがのびている

うでがのびたまま、足をふりあげると、おなかが鉄ぼうからはなれてしまい、うまく回れない。タオルをつかって、おなかを鉄ぼうからはなさずに回る感覚を身につけよう。

ひじをまげて体をもちあげるようにしよう！

▶さかあがりをする

⑧ タオルをつけたままふみこむ。

⑨ ふりあげ足を高くふりあげる。

⑩ うでをまげたまま足のつけねを鉄ぼうにのせる。

練習しよう

タオルをはずしてみよう

タオルをつかって感覚がつかめるようになったら、タオルをはずし、おとなの人に手助けしてもらいながらやってみよう。

足をふりあげたとき、おしりをかるくおしてもらう。

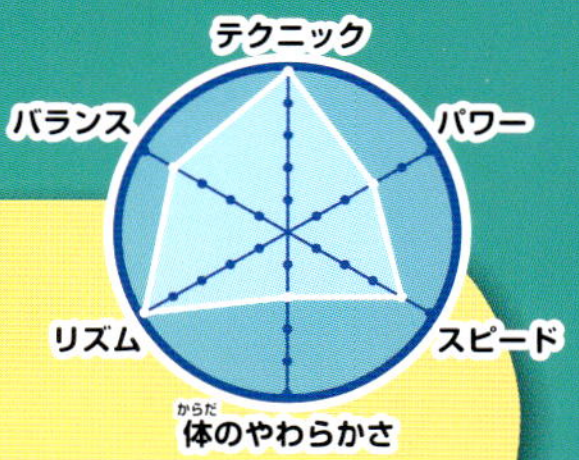

第1章 鉄ぼう

空中さかあがり

「つばめのポーズ」から回転してさかあがりするわざ。
いきおいをつけて回るのがコツだ。

高度なわざだけど、チャレンジしてみよう。

きれいな空中さかあがり

❶ 「つばめのポーズ」（6ページ）から両足を前後に1、2回ふる。

❷ 両足を大きくうしろにふりあげる。

おなかを鉄ぼうからはなす。

❸ ふりあげた反動をつかって、すばやく回転する。

このとき、前かがみにならないようにする。せすじをのばそう。

ここがポイント！①

いきおいをつけて回る

はじめに鉄ぼうからおなかがはなれるよう両足をうしろにふりあげて、そのいきおいで回ろう。

できるだけ大きくふりあげよう。

16ページを見よう！

ここがポイント！2

おなかをひきよせる

鉄ぼうからおなかをはなさないようにして回るようにしよう。

17ページを見よう！

❹ あごをひき、おなかを鉄ぼうからはなさないようにして回る。

❺ 足のつけねを鉄ぼうにのせる。

❻ さらに体を回転させる。

気をつけよう

いきおいがたりない ✗

いきおいがたりないと、回りきれず、とちゅうでおちてしまう。いきおいよく足をふりあげよう。

❼ ふたたび、つばめのポーズにもどる。

 第1章 鉄ぼう　空中さかあがり

ここがポイント！1 いきおいをつけて回る

体が鉄ぼうから大きくはなれるまで両足をうしろにふりあげ、そのいきおいで回るのがコツだ。

14ページ❷

両足を大きくうしろにふりあげる練習だよ。

その1 うしろにとぶ練習をしよう

① 両足をうしろにふりあげる。

② 手をはなしてとぶ。

③ 着地する。

その2 「い」「ち」「に」「の」「さん」で回ってみよう

① 両足をかるくうしろにふりあげる。

② 「い」で両足を前にもっていく。

③ 「ち」で両足をうしろに大きくふりあげる。

ここがポイント❷ おなかをひきよせる

回っているあいだじゅう、おなかが鉄ぼうからはなれないようにする。

15ページ ❹

タオルをつかって練習しよう

タオルをつかって回転する感覚をおぼえよう。

① タオルを体にまき、両はしをそれぞれ手でにぎる。

② 両足を少しふりあげてから、いきおいよく回る。

③

④ に
「に」でふたたび両足を前へ。

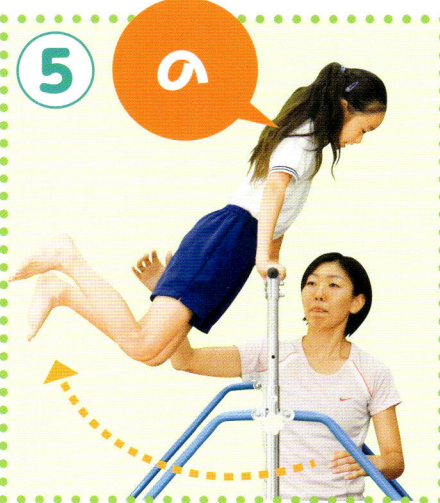

⑤ の
「の」で両足をさらに大きくふりあげる。

⑥ さん
「さん」で、両足をふりさげ、そのいきおいで回る。

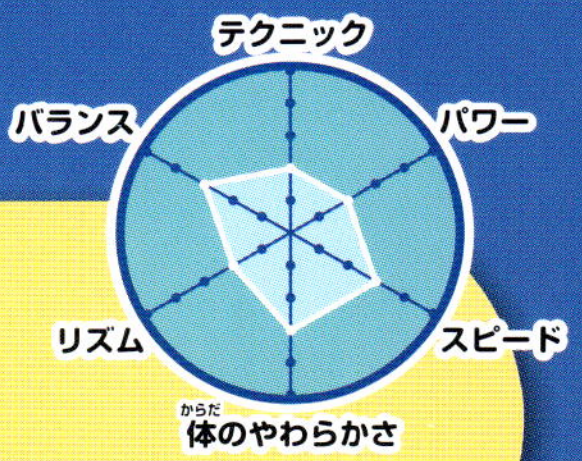

第2章 マット

前転(ぜんてん)

前転(ぜんてん)はマット運動(うんどう)のきほん。
体(からだ)をまるめて、いきおいよく回(まわ)ろう。

ボールになった気(き)もちで回(まわ)ってね！

きれいな前転(ぜんてん)

❶
体(からだ)をまっすぐにして立(た)つ。

❷
体(からだ)をまげて、両手(りょうて)を体(からだ)に近(ちか)いところにつく。

❸
回(まわ)るときは、いきおいよく。
手(て)をしっかりマットにつけたら、あごをひき、頭(あたま)を内(うち)がわに入(い)れる。

つくときの手(て)は、かるくひらき、中指(なかゆび)が前(まえ)をむくように。

気(き)をつけよう 回(まわ)るとき、おなかがのびてしまう

回(まわ)るときにおなかがのびてしまうと、うまくおきあがれない。体(からだ)をまるめよう。

ここがポイント！

回るとき、体を小さくまるめる

自分がボールになったような気もちで体をまるめると、うまく回ることができる。

❹

「左右にぶれないよう、まっすぐに回る。」

後頭部（頭のうしろ）をマットにつけながら回転。

❺

「足がひらかないように、気をつけよう。」

体をまるめたまま、さらに回転していく。

❻

手で前にあるものをつかもうとする感じで、おきあがる。

練習しよう

ゆりかご運動

足をかかえて体を前後にゆらして、体をまるめる練習をしよう。

❼

両足をそろえてしっかりと立って、フィニッシュ。

第2章 マット

後転(こうてん)

「うさぎのポーズ」から、あごをひいて回転(かいてん)。
手(て)でしっかりと体(からだ)をささえよう。

いきおいが
たいせつ
だよ。

きれいな後転(こうてん)

❶
両手(りょうて)のてのひらを耳(みみ)の横(よこ)にそろえて、体(からだ)をまげてこしをおとす。

❷
両足(りょうあし)をそろえ、あごをひいておなかを見(み)るようにしてうしろに回転(かいてん)。

❸
左右(さゆう)にたおれないよう、両手(りょうて)に同(おな)じくらいの力(ちから)を入(い)れよう。

てのひらでマットをおしながら、いきおいよくまわる。

手(て)のかたち

てのひらを耳(みみ)の横(よこ)におく「うさぎのポーズ」をとろう。

気(き)をつけよう

回転(かいてん)のさいごでひざをついてしまう

いきおいがないと、ひざがマットについてしまう。いきおいをつけて、おきあがろう。

ここがポイント！

つま先、足のうらのじゅんでつく

はじめにひざではなく、つま先をマットにつく。ついたら手でマットをおして、足のうら全体をつけよう。

❹

> ひざがマットにつかないように注意。

両足をそろえて体に近いところにつく。手はマットをおす。

❺

手でマットをおしながらうでをのばす。体重を足にかけていく。

❻

両足をそろえ、気をつけのしせいでフィニッシュ。

練習しよう

「うさぎのポーズ」から手でおそう

体をおこしたまま もうひとりと両手でおしあって、マットをおす感じをつかむ。

坂で回転する練習

マットの下に板やふとんなどをおき、坂をつくって、いきおいよく回る。

第2章 マット

三点倒立(さんてんとうりつ)

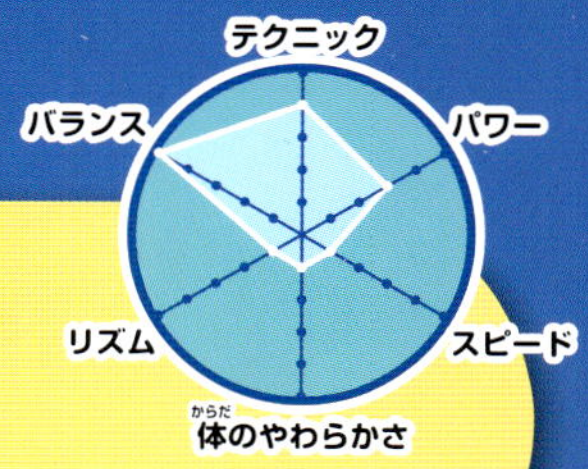

両方のてのひらと頭の3かしょで
体をささえて、さか立ちをしよう。

足をそろえてのばすときれいだよ!

ほじょ三点倒立

❶ 頭と両手で正三角形をつくったら、ささえてもらい、足をまげたまま、体をおこす。

❷ 両足はそろえたまま、まげた足をのばしていく。

頭、せなか、おしり、足をまっすぐに。

❸ ささえてもらわなくても、そのままのしせいで倒立できるようになろう。

ここがポイント!

頭と両手で正三角形をつくる

頭はおでこの上(かみの毛のはえぎわ)あたりをつく。両手はかたはばより少し広めに。

きれいな正三角形をつくろう!

気をつけよう

いきおいが、よわすぎたりつよすぎたりする

×

×

手の力がよわかったり、足をあげるいきおいがたりないと、足があがらない。ぎゃくにいきおいをつけすぎると、せなかのほうにたおれてしまう。くりかえし練習をして、ちょうどよい力の入れ方を身につけよう。

ひとりで三点倒立

❶

ひざがマットにつかないように注意。

頭と両手で正三角形をつくり、かた足ずつ上にあげていく。

❷

かた足があがったら、もうかた方の足もそろえていく。

❸

両足がそろったら、たおれないようにバランスをとる。

ステップ・アップ

つぎのページから側転のやり方をおしえるよ。

ほじょ倒立をやってみる

ささえてもらいながら頭をつかない倒立をする。このしせいは、側転の練習にもなる。

第2章 マット

側転(そくてん)

体を大きくのばし、横にまっすぐ回転する。
いきおいと力づよさがたいせつだ。

体をピンと
のばすと、
かっこいいぞ！

きれいな側転

❶

両手をあげ、体をまっすぐにして、すきなほうの足をふみだす。

❷
手をつくときはこしをまげないようにする。

ふみだした足と同じがわの手からマットにつく。

❸

足を思いきりふりあげながら、もう一方の手をつき、横に回転。

ここがポイント！❶

足をひらいてのばす

足をひらいて高くあげられないと、小さな側転になってしまう。ひざをのばして足をまっすぐにしよう。

手ものばしてね。

ここがポイント！❷

両手と顔で正三角形をつくる

両手をマットにつけたしゅんかん、両手と顔で正三角形をつくるようにしよう。

❹ 足をひらいたまま、横に回転する。せすじはのばし、うでものばしたまま。

❺ 先にマットについたほうの手をはなしながら、反対がわの足をさげていく。

❻ 前かがみにならないように、足をマットにつける。

上の❹では、ひざをのばしながら、大きくひらいていく。このしせいを身につけよう。

26ページを見よう！

❼ 両足をつきながら上半身をおこしてフィニッシュ。

第2章 マット 側転

足をひらいてのばす

足がとじていたり、ひざやこしがまがっていると、きれいな側転にならない。

25ページ ❹

→ ゴムチューブをつかい、きれいな側転のしせいをつくろう

マットの中央からななめ上にゴムチューブをはり、それをよけながら側転をしてみよう。ゴムチューブにあたらないようにすることで、体が前かがみにならず、両足が高くあがるので、ひざものびてきれいな側転のしせいになる。

大きくのびのびと回ってね！

ステップ・アップ

横ができたら、こんどは前からスタート

まずは横からスタートする側転を身につける。

つぎは前からスタートしてみよう。スタートのしせい以外は、横からの側転と同じうごきだ。

気をつけよう

ひじやひざがまがったまま回ってしまう

ひじもひざもこしも、みんなのばすんだよ！

ひじをまげたままでは、きれいな側転にならない。

あげた足のひざはのばそう。まげて回ると、小さな側転になってしまう。

マットにつくときの足は、かた足ずつ横に。前についたり、両足をそろえてつかないように。

着地は前かがみにならないように。せなかもこしものばしたまま、横に着地しよう。

第3章 とび箱

開きゃくとび

とび箱のきほん。きれいにとべたら、段を高くしていこう。

きれいな開きゃくとび

❶ 助走のスピードをいかし、両足をそろえて力づよくふみきる。

❷ 両手はそろえ、できるだけ先のほうにつく。

手をつく位置は、とび箱の手前ではなく、先（おく）に。

❸ とび箱につよく手をつき、足をひろげ、おしりを高くしてとぶ。

ここがポイント！ ①

とび箱のおくを手でたたく

とび箱のおくに手をつき、「バンッ！」という音がするくらいつよくたたく。

30ページを見よう！

ここがポイント！2

手よりかたを前に出す

とび箱についた手よりかたが前に出るように、うでの力で体を前におしだす。

高さにくわえて前にすすむいきおいをつけてうまくとぼう。

30ページを見よう！

❹ 手で体を前へすすめ、いきおいをつけ、できるだけとおくへとぶ。

❺ 少しずつ体をのばし、着地のじゅんびに入る。

❻ ふらつかないよう、両足でしっかり立つ。

ここがポイント！3

とぶときは、おしりを高く

とび箱の手前で大きくジャンプして、おしりを高くするとうまくとべる。

31ページを見よう！

第3章 とび箱 開きゃくとび

ここがポイント！1 とび箱のおくを手でたたく

とび箱の上にじゃまなものをおいて、それをいきおいよくとびこそう。

28ページ ②

ものをおいて、とびこえよう

とびこすのがこわいときは、まずとび箱の上にいったんすわって、そこからとびおりる練習からはじめよう。

とび箱の上の手前のほうに、ぼうしなどのやわらかいものをおいて、それをとびこえるようにすると、おくのほうに手をつくとび方ができる。

ここがポイント！2 手よりかたを前に出す

とび箱についた手で体を前におしだすようにすると、きれいにとべる。

28ページ ③

「アザラシ運動」で力をつけよう

はらばいのしせいで上半身をおこし、手でささえる。

そのまま手の力だけで前にすすみ、両方のうでに体重をかける。

とぶときは、おしりを高く

おしりを高くあげてとぶと、とび箱に体があたらず、うまくとびこえることができる。

28ページ ③

▶ ロイター板をうまくつかおう

両足をそろえてロイター板をつよくけって、バネの力で高くとぶ練習をしよう。

とび箱の手前がわに手をつき、ロイター板のバネの力をつかって、おしりを高くあげるようにジャンプする。

足じゃんけんの「グー」でジャンプ！

気をつけよう

チョキジャンプになってしまう

ふみきるとき、足を前後にひらくチョキジャンプをしない。足をそろえよう。

第3章 とび箱

台上前転（だいじょうぜんてん）

マット運動の前転をとび箱の上でやってみよう。

いきおいをつけて、くるっと回ってね！

きれいな台上前転

❶ ロイター板ではねながら、とび箱の両はじに手をつく。

❷ あごをひいて、頭と体をまるめてまっすぐに回転をはじめる。

❸ 後頭部（頭のうしろ）をとび箱につけながら足をあげていく。

手はとび箱の手前の両はじにつき、しっかりとささえよう。

気をつけよう

横におちる

左右にふらついたり、横におちたりしないように、とび箱についた手でしっかりと体をささえよう。

32

ここがポイント！

体をまるめ、頭のうしろをつけて回る

体をまるくしてあごをひき、頭のうしろをつけてすばやく回るやり方を、身につけよう。

おでこをつかないようにね。

❹ 体をまるめたまま手をはなし、まっすぐに回転をつづける。

❺ せなかがとび箱の先にきたら、とびおりるじゅんび。

❻ 両足をそろえて、しっかりと着地する。

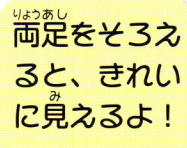

両足をそろえると、きれいに見えるよ！

ふらつかないように両足でしっかり着地する。

❼ バランスをくずさないようしっかりと立つ。

第4章 校庭器具

のぼりぼう

- 手と足をつかって1本のぼうをのぼる。
- 体をうまくひきあげるコツをおぼえよう。

くつでもはだしでも、やりやすいほうでのぼろう。

つかまる

ひじをのばさないようにする。

もも、ふくらはぎ、足くびはぼうにまきつける。

両手、両足でしっかりつかまる。

きれいなのぼり方

❶ 両手、両足でつかまる。

❷ 下の手（ここでは右手）をはなし、上にもっていく。

手のにぎり方

上の手は頭より少し上、もうかた方の手はその少し下をにぎろう。

足のささえ方

足のうらでささえる。

足のこうとうらでささえる。

どちらのささえ方でもいいよ。

ここがポイント！

足全体(あしぜんたい)をつかう

ももだけではさむと、上(うえ)にのぼるのがむずかしくなる。ももだけでなく、足全体(あしぜんたい)でしっかり体(からだ)をささえよう。

足(あし)のうらや こうも つかおう！

3 両足(りょうあし)を上(うえ)にひきあげる。

4 下(した)の手(て)（ここでは左手(ひだりて)）をはなし上(うえ)にもっていく。

5 ふたたび両足(りょうあし)を上(うえ)にひきあげる。

練習(れんしゅう)しよう

うでだけでつかまってみよう

うでの力(ちから)も大切(たいせつ)なので、はじめに、両手(りょうて)、両(りょう)うでだけでつかまる練習(れんしゅう)をしよう。

足(あし)をささえてもらおう

うまくのぼれないときは、おとなの人(ひと)に足(あし)を下(した)からささえてもらい、練習(れんしゅう)をしよう。

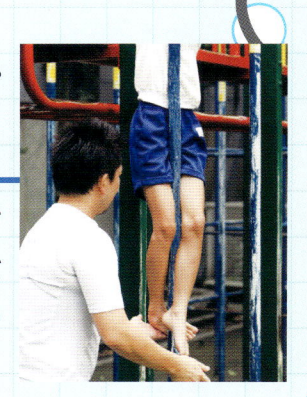

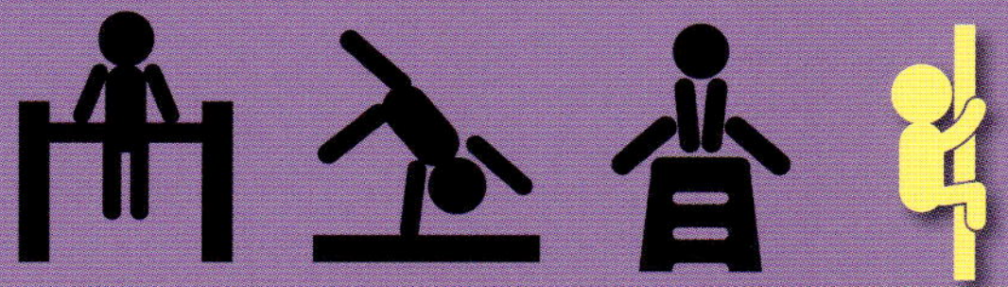

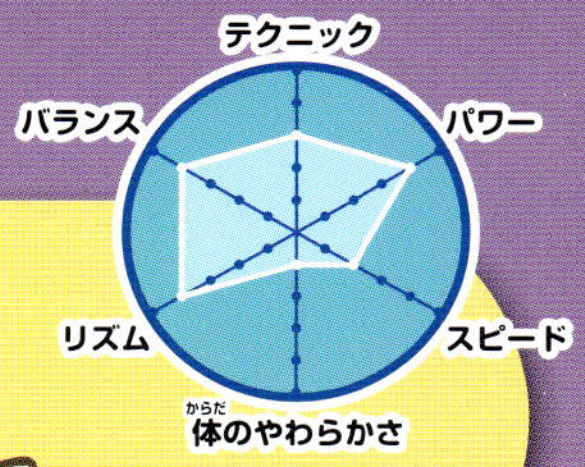

第4章 校庭器具

うんてい

手だけでぶらさがり、かた手ずつこうごに前に出してすすむ。前後に体をふっていきおいをつけよう。

きれいなわたり方

① うんていにのぼり、左右の手をひとつずらしてぼうをつかむ。

さいしょは2つか3つ先のぼうをつかむといきおいがつく。

② いきおいをつけて足をはなし、体を前へ大きくふる。

③ 体をうしろにふりもどす。

④ うしろの手（左手）をはなしながら体を前へふる。

⑤ ひとつ先のぼうを左手でつかむ。

にぎり方

どちらのにぎり方でもいいよ。

親指をほかの指と反対がわにしてにぎろう。

親指をほかの指と同じがわにしてにぎろう。

気をつけよう 指が少ししかかかっていない

指がぼうに少ししかかかっていないと体をささえられない。ふかくにぎるようにしよう。

練習しよう

まずはぶらさがれるようになろう

前にすすめない場合、まずは両手でぶらさがれるようになろう。だんだんぶらさがっている時間を長くしていこう。つぎに、外がわのぼうにぶらさがって、横にすすむ練習をしてみよう。

❻ ふたたび体をうしろにふる。

❼ 右手をはなしながら体を前へふる。

❽ ひとつ先のぼうを右手でつかむ。

ここがポイント！

体を大きくふる

体を前後に大きくふって、いきおいをつけると前にすすみやすくなる。

まずは、体をふる練習だ。

練習しよう

体をふってとびおりよう

体をふることができるようになるために、体を大きくふってとびおりる練習をしてみよう。

37

できたかな？

できたら□に
チェック✓を
入れよう！

コピーして
つかってね！

第1章 鉄ぼう

- ●鉄ぼうになれよう（あそんでみよう）
  - □ぶたの丸やき
  - □地球回り
  - □足ぬき回り
- ●前回り
  - □おりるとき、うでとおなかに力を入れる
  - □前回りができた！
- ●さかあがり
  - □足を高くあげる
  - □おなかをひきよせる
  - □さかあがりができた！
- ●空中さかあがり
  - □いきおいをつけて回る
  - □おなかをひきよせる
  - □空中さかあがりができた！

第2章 マット

- ●前転
  - □回るとき、体を小さくまるめる
  - □前転ができた！
- ●後転
  - □つま先、足のうらのじゅんでつく
  - □後転ができた！
- ●三点倒立
  - □頭と両手で正三角形をつくる
  - □ほじょ三点倒立
  - □ひとりで三点倒立ができた！
- ●側転
  - □足をひらいてのばす
  - □両手と顔で正三角形をつくる
  - □側転ができた！

第3章 とび箱

- ●開きゃくとび
  - □とび箱のおくを手でたたく
  - □手よりかたを前に出す
  - □とぶときは、おしりを高く
  - □開きゃくとびができた！
- ●台上前転
  - □体をまるめ、頭のうしろをつけて回る
  - □台上前転ができた！

第4章 校庭器具

- ●のぼりぼう
  - □つかまる
  - □足全体をつかう
  - □のぼりぼうにのぼれた！
- ●うんてい
  - □体を大きくふる
  - □うんていがわたれた！

さくいん

あ
- アザラシ運動（とび箱） …… 30
- 足ぬき回り（鉄ぼう） …… 4
- 足のささえ方（校庭器具） …… 34
- うさぎのポーズ（マット） …… 20,21
- うんてい（校庭器具） …… 36

か
- 開きゃくとび（とび箱） …… 28,30
- 空中さかあがり（鉄ぼう） …… 14,16
- 後転（マット） …… 20
- ゴムチューブ（マット） …… 26

さ
- さかあがり（鉄ぼう） …… 8,10,12
- さか立ち（マット） …… 22
- 三点倒立（マット） …… 22,23
- 助走（とび箱） …… 28
- 前転（マット） …… 18,32
- 側転（マット） …… 23,24,26,27

た
- 台上前転（とび箱） …… 32
- タオル（鉄ぼう） …… 12,13,17
- 高さをあわせる（鉄ぼう） …… 4
- 地球回り（鉄ぼう） …… 5
- 着地（鉄ぼう） …… 5,7
- 着地（とび箱） …… 29,33
- 着地（マット） …… 27
- チョキジャンプ（とび箱） …… 31

- つばめのポーズ（鉄ぼう） …… 6,9,14,15
- 手のにぎり方（校庭器具） …… 34
- 倒立（マット） …… 22,23

な
- にぎり方（校庭器具） …… 36
- にぎり方（鉄ぼう） …… 4,6
- のぼりぼう（校庭器具） …… 34

は
- フィニッシュ（マット） …… 19,21,25
- ぶたの丸やき（鉄ぼう） …… 4
- ふみこみ足（鉄ぼう） …… 8,10,11
- ふりあげ足（鉄ぼう） …… 8,10,11,13
- ほじょ三点倒立（マット） …… 22
- ほじょ倒立（マット） …… 23

ま
- 前回り（鉄ぼう） …… 6

や
- ゆりかご運動（マット） …… 19

ら
- ロイター板（とび箱） …… 31,32

39

監修

水口高志（みずぐち たかし）
体育の家庭教師　スポーティーワン代表

1973年静岡県生まれ。日本体育大学卒業。元日本体育大学非常勤講師。大学在学中より子どもたちを対象とした体育の個人指導を始める。2001年、体育家庭教師派遣会社「スポーティーワン」を設立。心理カウンセラーの資格も生かし、子どもたちに熱心な個人指導を行いながら、「やればできる」という気持ちを多くの子どもたちに伝えている。2005年、少人数制体育スクール「スポーティーワン教育プラス」を開講。これまでレッスンを受けた生徒の数は首都圏を中心に1000人以上。
（スポーティーワン　http://www.sporty-1.co.jp）

運動ができるようになる本 1
さかあがりができる！

- **監修** ……… 水口高志
- **編集協力** … 株式会社ジャニス
- **文** ………… 大野益弘、榎本康子
- **写真** ……… 株式会社フォート・キシモト
- **デザイン** … チャダル108
- **イラスト** … めやお
- **モデル** …… 粕谷愉万、為國祐菜、吉倉利都
- **技術指導** … 水口高志、野村朋子
- **撮影協力** … スポーティーワン、文京区立昭和小学校

2011年 3月　第1刷　©
2019年 8月　第6刷

発行者／千葉 均
編　集／堀 創志郎
発行所／株式会社ポプラ社
　　　　〒102-8519　東京都千代田区麹町4-2-6 8・9F
　　　　電話　（営業）03-5877-8109
　　　　　　　（編集）03-5877-8113
　　　　ホームページ　www.poplar.co.jp
印刷・製本／図書印刷株式会社

ISBN978-4-591-12317-1　N.D.C.781／39P／27cm
2011　Printed in Japan

落丁・乱丁本はお取り替えいたします。小社宛にご連絡下さい。
電話　0120-666-553
受付時間は月〜金曜日、9：00〜17：00（祝日・休日は除く）

みなさんのおたよりをお待ちしております。
おたよりは編集部から監修者へおわたしいたします。

P7098001

運動ができるようになる本 全5巻

監修 水口高志

31ページ（第1巻のみ39ページ）
27cm　オールカラー　小学中学年向き
図書館用特別堅牢製本図書
N.D.C.780

❶ さかあがりができる！
鉄ぼう　マット　とび箱

N.D.C.781

❷ ボールがうまくなげられる！
野球　サッカー

N.D.C.783

❸ 25メートルおよげる！
クロール　平およぎ

N.D.C.785

❹ かけっこがはやくなる！
かけっこ　はばとび　なわとび

N.D.C.782

❺ 一輪車にのれる！
一輪車　竹馬　自転車

N.D.C.786

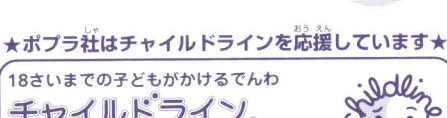

★ポプラ社はチャイルドラインを応援しています★

18さいまでの子どもがかけるでんわ
チャイルドライン®
0120-99-7777
ごご4時～ごご9時　＊日曜日はお休みです
電話代はかかりません　携帯・PHS OK

18さいまでの子どもがかける子ども専用電話です。
困っているとき、悩んでいるとき、うれしいとき、
なんとなく誰かと話したいとき、かけてみてください。
お説教はしません。ちょっと言いにくいことでも
名前は言わなくてもいいので、安心して話してください。
あなたの気持ちを大切に、どんなことでもいっしょに考えます。